Werner Milstein

Mein Taufalbum

Agentur des Rauhen Hauses Hamburg

Dieses Taufalbum gehört

geschenkt von

mit den besten Segenswünschen.

Dies ist dein Tag,
ein besonderer, ein einmaliger Tag.

Von nun an steht dein Leben
unter dem Vorzeichen der Liebe Gottes.
Was auch immer werden wird,
nichts wird dieses Vorzeichen ändern können.

Der dich
geschaffen hat,
sagt ja zu dir.
Er hat dich
ins Leben gerufen,
er wird dich auch
durchs Leben geleiten.

Bild des Taufbeckens/der Taufschale

Ich bin getauft

am ______________________________

in ______________________________

durch ______________________________

Bild der Kirche

An Flüsse gingen die Ersten
die sich taufen lassen wollten,
an Teiche und auch an Seen.
Sie wurden ganz untergetaucht,
von Kopf bis Fuß
wollten sie neue Menschen sein.

Später wurden Taufkapellen gebaut,
so konnten sie mitten in dem Ort,
in dem sie wohnten, taufen,
denn Taufe und Leben
gehören zusammen.

Im Grunde bedarf es nicht viel:
ein Becken, eine Schale mit Wasser.
Was wir brauchen, ist Gottes Zusage.
Er hat sie uns gegeben.
Gott ist nahe bei uns.

Getauft auf den Namen Gottes

Eine Hand voll Wasser,
frisches, lebendiges Wasser.

Wasser ist Leben, wir schöpfen daraus.
Wir sehen, wie die Natur wächst.
Ohne Wasser wäre kein Wachstum möglich.

Wasser erfrischt, es ist ein Neuanfang.
Was immer zwischen Gott und uns stand,
dieses Wasser wäscht alles ab.
Gott nimmt uns an, so wie wir sind.

Wasser trägt. Gott wird mit uns sein.
In den Stürmen wird er uns bewahren,
in der Stille uns Kraft geben,
und wenn wir einmal unsicher sind,
wird er uns Mut machen.

Du bist getauft auf den dreieinigen Gott,
den Vater, der dich geschaffen hat,
seinen Sohn Jesus Christus, der dich liebt,
und den Heiligen Geist, der dir stets nahe ist.

Ich habe dich bei deinem
Namen gerufen; du bist mein! *Jesaja 43, 1*

Bild nach der Taufe am Taufbecken:
Der Täufling mit Eltern und Paten,
der Pastor/die Pastorin

Taufe bedeutet, eine große Familie zu haben.
Gott nimmt dich als sein Kind an.
Du gehörst nun zu der großen Familie der Christen.

Ein Wort, nicht mehr,
ein paar Buchstaben nur.
Aber: Der es dir zusagt,
er will beim Wort genommen werden.
Ihm kannst du vertrauen,
er wird sein Wort halten.

Taufspruch ______________________________

____

____

Paten ___________________________________

____

____

Meine Tauffeier

Bild von der Tauffeier

Was wir dir wünschen
für heute und morgen,
für jeden Tag deines Lebens:

... und ein Lachen,
eine ausgestreckte Hand
und eine Schulter,
an die du dich immer anlehnen kannst.

Meine Gäste

Bild von der ganzen Taufgesellschaft

Einfach nur Wasser

Welche Kraft das Wasser hat!
Es strömt, es schäumt, es bewegt, es reißt mit,
es verändert.

Von dieser Art ist das Wasser, mit dem wir taufen.
Es verändert Menschen,
es soll auch dich verändern.

Von außen ist nicht viel zu sehen,
das Wesentliche geschieht innen.
Das Wasser verbindet uns mit Jesus Christus.
Mit seinem Tod am Kreuz sind wir verbunden.
Wir tauchen unter, um zu einem neuen Leben
aufzutauchen.
Auferstehung nennt das die Bibel.
Wir werden nicht sterben, sondern leben.

Wasser bedeutet Leben,
neues, überschäumendes Leben.
Mit der Taufe hat das neue Leben
für dich begonnen.

… und segnete sie

Das ist doch nur ein Kind,
sagten früher manche
und sagen einige auch noch heute.
Ein Kind kann noch nichts leisten,
denken sie, ein Kind ist nicht so wichtig.

Sie vergessen, dass uns das Wichtigste
im Leben geschenkt wird: die Liebe,
das Vertrauen und auch das Leben selbst.
Und nicht nur das, auch der Glaube ist
ein Geschenk.

Jesus sagt sogar: Schaut euch die Kinder an.
Von ihnen könnt ihr etwas lernen.
So wie sie sich freuen, wenn sie etwas
geschenkt bekommen und es mit offenen
Herzen entgegennehmen,
so sollt auch ihr Gott vertrauen.

Darum zählen Kinder bei Gott besonders viel,
darum hat sie Jesus gesegnet.

Und sie brachten Kinder zu ihm,
damit er sie anrühre. Die Jünger aber
fuhren sie an. Als es aber Jesus sah, wurde er
unwillig und sprach zu ihnen:
Lasst die Kinder zu mir kommen und
wehret ihnen nicht; denn solchen gehört das
Reich Gottes. Wahrlich, ich sage euch:
Wer das Reich Gottes nicht empfängt wie ein
Kind, der wird nicht hineinkommen.
Und er herzte sie und legte die Hände auf sie
und segnete sie. *Markus 10, 13 – 16*

Ein Kind des Lichts

Die Kerze soll dich geleiten
und dich an deine Taufe erinnern.
Wenn sich der Tauftag jährt
oder wenn du Geburtstag hast,
dann soll die Kerze brennen.

Wo Licht ist, da ist Wärme,
da gibt es Geborgenheit
und auch Orientierung.
Das Licht weist uns
auf Jesus Christus hin.
Er hat gesagt: „Ich bin das Licht
der Welt. Wer mir nachfolgt,
der wird nicht wandeln in der
Finsternis, sondern wird das
Licht des Lebens haben."
(Johannes 8, 12)

Durch die Taufe bist du ein Kind
des Lichts geworden, du gehörst
zu Jesus Christus. Sein Licht wird
deine Zukunft hell machen.

Das Wunder des Lebens

Du lässt uns
mit deinen Augen die Welt entdecken,
so dass wir zu staunen beginnen.

Mit deinen Händen fangen wir an,
die Welt neu zu begreifen, zu betasten, zu fühlen,
für das Leben bekommen wir ein neues Gespür.

Das Alltägliche wird zu einem Abenteuer,
mit dir zusammen erobern wir Schritt für Schritt
uns diese Welt und stoßen Türen
zu immer neuen Räumen auf.

Nie wieder wird uns unsere kleine Welt
so groß, so unendlich scheinen,
nie wieder werden wir so viel zu staunen
und zu wundern haben.
Den Schatz des Lebens
hilfst du uns zu bergen.

Bei meiner Geburt, am ____________________

war ich ____________________ Zentimeter groß

und wog ____________________ Gramm.

Bild des Kindes

Das sind wir …

Meine Großeltern

Meine Eltern

Meine Geschwister

Familienfoto

... meine Familie

Im Verborgenen ...

Im Mutterleib
hat sich das Leben herangebildet.
Was geschah,
das war nur
zu erahnen.
Der Körper begann,
sich zu formen.
Mund und Ohren,
ein kleines Näslein,
winzige Finger und Zehen,
ein unscheinbares Herz,
das unentwegt pocht.
Umschlossen noch
und schon ein Mensch,
mit allen Fähigkeiten
und allen Möglichkeiten.

Ein Mensch sieht, was vor Augen ist;
Gott aber sieht das Herz an.

1. Samuel 16, 7

Es schläft, unser Kind,
wovon mag es träumen?
Meine Gedanken möchte ich
in seine Träume legen,
meine Liebe ihm eingeben,
dass sie tief in sein Herz sinke.

Lächelst du, mein Kind?
Sanft berührt dich meine Hand,
so möchte ich dich schützen
ein Leben lang.

... geschehen die Wunder.

Da staunt ihr aber!

Bild des Kindes

Bild des Kindes

Dein Mund
formt die ersten Laute,
du lachst, du schreist, du rufst.

Ich beginne,
dich zu verstehen,
wann du dich freust,
wann du etwas brauchst,
und auch, wann es dir
zu langweilig ist.

Unsere Sprache hat keine Worte,
ein Blick reicht schon aus,
und wenn du lachst,
dann ist die Welt in Ordnung,
für dich und auch für mich.

Gott

lässt sein Angesicht leuchten
über uns.
Er schaut auf uns und
hat Acht auf uns.

Er sieht mich an,
er meint mich.
Und wenn ich von ihm
so angesehen bin,
bin ich dann nicht auch
bei ihm angesehen?

Gott schenkt uns sein Lächeln
und verwandelt so unser Leben.

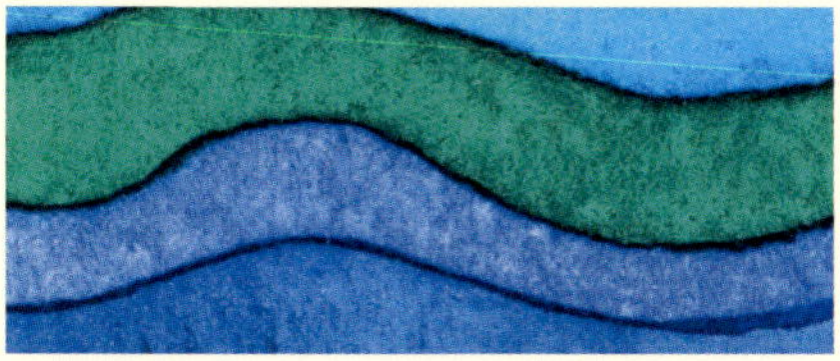

Du lässt mich ...

Wenn du lachst,
dann schmelze ich dahin,
dann kann ich alles vergessen,
was um mich herum geschieht.

Nichts auf der Welt vermag
dieses Lachen aufzuwiegen,
so vorbehaltlos ist es,
es verrechnet nicht, bezweckt nichts.

Dein Lachen ist ansteckend,
ich nehme es mit in meinen Tag
und wünsche dir doch, dass dir
niemand je dein Lachen nehmen möge.

Bild des lachenden Kindes

... die Welt vergessen.

Guter Gott,
segne unser Lachen
und unser Weinen,
segne jeden Tag,
den wir miteinander leben,
das Glück und den Schmerz,
unser Sorgen und Hoffen.
Dir vertrauen wir uns an
und alle, die wir lieben.
Amen.

Heute gab es ...

Zuerst hast du nur geschmollt
und dann flossen die Tränen.
Das ging mir durch und durch.

Aber ohne Grenzen
können wir nicht leben
und ohne Konflikte
geht es im Leben nicht zu.

Noch so manches Mal
werden wir uns uneins sein,
aber wir werden uns wieder versöhnen,
werden gemeinsam lachen und merken,
wie wir miteinander wachsen.
Mit den ersten Tränen hat es begonnen.

... Tränen.

Du hast ...

Was wären wir
nur ohne Worte?
Was wüssten wir voneinander,
wenn es die Sprache nicht gäbe?

Du sprichst „Mama“
und sie strahlt.
Du rufst „Papa“
und er schmunzelt.
Du hast die ersten Worte gefunden,
die Grundworte des Lebens.

So viele Worte wirst du noch sprechen,
und manchmal werden sie dir auch fehlen.
Dann und wann wirst du auch aufhorchen:
Jemand hat dich angesprochen – Gott.

Meine ersten Worte

„Mensch" – so hat Gott Adam angesprochen. Er hat ihn beim Namen gerufen, so gehören wir zusammen, Gott und Mensch. Auf vielerlei Weise redet Gott zu uns, er sucht uns, er kennt uns, er hat viel mit uns vor.

... mich angesprochen.

Schlafe, mein Kind,

ich werde deine
Träume bewachen.

Ruhe aus von diesem Tag,
von dem,
was du alles erlebt hast.

So viel hast du entdeckt,
so viel hast du ausprobiert,
so viel Neues gelernt.

Morgen wird es
wieder einen Tag geben,
für dich und für mich,
und manche Träume
dürfen wir getrost
in den Tag hineinnehmen.

Behüte mich, guter Gott ...

Fröhlich bin ich aufgewacht, ich strecke mich
und freue mich auf den Tag.
Was werde ich alles erleben? Ich bin gespannt.
Guter Gott, ich danke dir für diesen Tag
und bitte dich, beschütze mich. Amen.

Manchmal bin ich froh
und manchmal traurig.
Ich wünsche mir,
dass alles so bleibt,
wie es ist, aber ich bin
nicht immer sicher.
Guter Gott, ich bitte,
beschütze meine Eltern
und meine Geschwister.
Guter Gott, behüte mich. Amen.

Gott, ich habe mich so geärgert,
richtig sauer war ich,
so haben wir uns gestritten!
Jetzt tut es mir wieder Leid.
Guter Gott, wir wollen wieder Freunde sein.
Gib mir Mut, dass ich den ersten Schritt mache,
dann wird bestimmt wieder alles gut. Amen.

Müde bin ich nun und schlafe bald ein.
Ich denke daran, was ich heute alles erlebt habe,
so vieles fällt mir ein ...
Dafür danke ich dir, guter Gott, es war schön.
Über manches habe ich mich geärgert
und auch über mich ...
Dafür bitte ich dich um Verzeihung.
Lass mich nun ruhig einschlafen,
dein Schutzengel wird auf mich aufpassen.
Allen Menschen und Tieren wünsche ich
eine gute Nacht und morgen einen schönen Tag.
Darum bitte ich dich, guter Gott. Amen.

Handabdruck des Kindes

Gott sagt:
Siehe, in die Hände habe ich
dich gezeichnet.

Jesaja 49, 16

Mit einem kleinen Schritt beginnt es,
so machen wir uns auf den langen Weg
durch das Leben.

Fußabdruck des Kindes

Deine Hand
greift nach meiner,
deine Finger umschließen meine.
So beginnst du,
die Welt zu begreifen,
nimmst so manches in die Hand,
befühlst und betastest es.

Einiges wirst du wieder aus der Hand
geben müssen und an so viele Aufgaben
wirst du immer wieder Hand anlegen müssen.
Noch sind deine Hände so klein,
so unschuldig, so unbeschrieben.
Das Leben wird seine Spuren hinterlassen,
auch in den Händen,
sie werden schützen und verletzen,
sie werden zärtlich sein und hart,
empfangen und auch abwehren.

Vielleicht wirst du bisweilen
nachdenklich auf deine Hände schauen.
Vergiss es aber nie: Gott wird dich
stets in seinen Händen halten.

Führe mich, o Herr, und leite
meinen Gang nach deinem Wort;
sei und bleibe du auch heute
mein Beschützer und mein Hort.
Nirgends als von dir allein
kann ich recht bewahret sein.

Heinrich Albert 1642

An meiner Hand ...

... möchte ich dich durchs Leben führen,
mit dir über Höhen gehen
und dich auch durch Tiefen geleiten,
die Welt möchte ich dir zeigen,
ihre ganze Schönheit vor dir ausbreiten.

Und wenn du ins Stocken gerätst,
dann will ich dir weiterhelfen,
und wenn du zu fallen drohst,
dann will ich dir aufhelfen,
und wenn du das Ziel suchst,
will ich dir den Weg zeigen.

Und doch weiß ich, eines Tages,
da wirst du dich losmachen,
da willst du auf eigenen Füßen stehen
und eigene Wege gehen ...
Du wirst mir noch einmal fest die Hand drücken,
dich umdrehen und mir zuwinken.

Dann möge dich Gott leiten und uns
immer wieder zusammenführen.

Die ersten Schritte ...

Vielleicht ist es ja wirklich so,
dass der aufrechte Gang
den Menschen ausmacht.

Vielleicht ist es ja wirklich so,
dass wir erst aufrecht gehen
lernen müssen,
um wirklich Mensch
sein zu können,
dann aber wird es
auch gut sein,
wenn uns jemand
an die Hand nimmt
und uns begleitet
bei den ersten Schritten.

Jemand, der es gelernt hat,
aufrecht zu gehen, und es
immer weiter noch lernt.

... ins Leben.

Was ich dir, mein Kind,
mitgeben möchte,
wenn du eines Tages
aufbrechen solltest?

Ich möchte dir etwas
von mir mitgeben,
was dir kein anderer
sonst geben kann.

Es sollte keine Last
für dich sein,
du sollst dich daran
freuen können.

Ich vermute, man kann
nicht früh genug anfangen,
den Rucksack zu packen,
den man durchs Leben trägt.

Jeden Tag will ich
dir etwas mitgeben.

Das will ich dir mitgeben
auf den Weg ins Leben:

Der Autor
Werner Milstein, geboren 1955 in Gronau/Westfalen, studierte Theologie und Philosophie in Münster und Göttingen.
Bis 2008 war er als Gemeindepfarrer in Rahden/Westfalen tätig.
Er ist durch zahlreiche Publikationen bekannt.

Bildnachweis

www.agentur-rauhes-haus.de

Umschlaggestaltung: Christine Paxmann, München
Satz und Litho: DTP Team Rau GmbH, Hannover
Schriften: Gabriola und Segoe
Druck und Bindung: L.E.G.O., Vicenza, Italien

ISBN 978-3-7600-1220-9
Best.-Nr. 1 1220-9